Cierra Tus Mejores Ventas

Evelyn Wright

Evelyn Wright

Evelyn Wright

Página de Derechos de Autor

Indice

Introducción al Cierre de Ventas

El cierre de ventas es una de las habilidades más importantes que puede desarrollar un vendedor. No importa cuán bueno seas para atraer clientes o presentar tu producto; si no puedes cerrar la venta, todos tus esfuerzos anteriores habrán sido en vano. Pero, ¿qué significa realmente cerrar una venta? En términos simples, cerrar una venta es el momento en que el cliente decide comprar tu producto o servicio. Es el punto culminante de todo el proceso de ventas y, sin duda, el más crucial.

Para muchos vendedores, el cierre puede parecer una tarea desalentadora. La ansiedad de ser rechazado o de no saber qué decir puede ser paralizante. Sin embargo, cerrar una venta no tiene que ser un proceso difícil o estresante. Con las estrategias y técnicas adecuadas, puedes convertir el cierre en una parte natural y efectiva de tu conversación de ventas.

Primero, es esencial entender la importancia del cierre de ventas. Sin un cierre efectivo, todos los esfuerzos de prospección, presentación y manejo de objeciones pueden ser inútiles. Imagina que has pasado semanas cultivando una relación con un cliente potencial. Has respondido a todas sus preguntas, has resuelto todas sus objeciones y has demostrado claramente el valor de tu producto. Pero al final, cuando llega el momento de pedir la venta, te quedas sin palabras o te sientes inseguro. El cliente, sintiendo tu vacilación, decide no comprar. Toda esa inversión de tiempo y energía se pierde.

Además, el cierre de ventas no solo es crucial para completar la transacción; también es vital para construir relaciones a largo plazo con tus clientes. Un cierre efectivo puede dejar una impresión duradera y positiva en tu cliente, aumentando la probabilidad de futuras ventas y referencias. Por el contrario, un cierre torpe o forzado puede dañar la relación y disuadir al cliente de volver a hacer negocios contigo.

Existen diferentes tipos de ventas, y cada una requiere un enfoque de cierre diferente. Por ejemplo, las ventas pequeñas suelen ser más rápidas y menos complejas. El cliente ya está predispuesto a comprar y necesita poca persuasión adicional. En estas situaciones, un cierre directo y sencillo puede ser muy efectivo. Por otro lado, las ventas grandes son más complicadas y requieren más tiempo y esfuerzo. El cliente puede necesitar más información, demostraciones y garantías antes de sentirse cómodo tomando una decisión. Aquí, un enfoque más estratégico y paciente es crucial.

El cierre de ventas no es solo una cuestión de técnica; también es una cuestión de mentalidad. La confianza en ti mismo y en tu producto es fundamental. Si no crees firmemente en el valor de lo que estás vendiendo, será difícil convencer a tus clientes de que lo compren. Además, es importante recordar que el cierre no es una batalla contra el cliente, sino una colaboración. Tu objetivo es ayudar al cliente a tomar la mejor decisión posible, lo que idealmente debería ser la compra de tu producto.

Una parte esencial del cierre de ventas es entender la psicología del cliente. Cada cliente es diferente, con sus propios deseos, necesidades y miedos. Algunos clientes pueden ser muy analíticos y necesitarán mucha información y datos antes de tomar una decisión. Otros pueden ser más impulsivos y tomar decisiones basadas en emociones o en la recomendación de alguien en quien confían. Identificar y adaptarte a estos diferentes tipos de clientes puede hacer una gran diferencia en tu capacidad para cerrar ventas.

Por último, el cierre de ventas es una habilidad que se puede aprender y mejorar con la práctica. No esperes ser perfecto desde el principio. Cada interacción con un cliente es una oportunidad para aprender y mejorar. Analiza tus cierres, tanto los exitosos como los fallidos, y busca maneras de mejorar. Con el tiempo, te volverás más seguro y efectivo en tu capacidad para cerrar ventas.

En resumen, el cierre de ventas es un componente esencial del proceso de ventas. Es el momento en que todo tu trabajo previo se concreta en una transacción. Con la mentalidad correcta, una comprensión profunda de tu cliente y las técnicas adecuadas, puedes convertirte en un maestro en el arte del cierre de ventas. Recuerda que cada cliente y cada venta son únicos, y la adaptabilidad es clave para el éxito. Con práctica y dedicación, puedes desarrollar la habilidad de cerrar ventas de manera efectiva y construir relaciones duraderas con tus clientes.

Evelyn Wright

Psicología del Cliente

Comprender la psicología del cliente es esencial para cualquier vendedor que quiera tener éxito. Saber lo que motiva a un cliente, lo que le preocupa y lo que realmente necesita puede marcar la diferencia entre cerrar una venta y perder una oportunidad. La psicología del cliente se basa en entender cómo piensan y se comportan los clientes durante el proceso de compra. Este conocimiento te permitirá adaptar tu enfoque de ventas para satisfacer mejor sus necesidades y aumentar tus posibilidades de cerrar la venta.

Primero, es importante reconocer que cada cliente es único. Cada persona tiene sus propios deseos, necesidades y miedos que influyen en su proceso de toma de decisiones. Por ejemplo, algunos clientes pueden estar motivados principalmente por el precio y buscan la mejor oferta posible. Otros pueden estar más interesados en la calidad del producto o en el servicio al cliente. Al identificar estas motivaciones, puedes adaptar tu mensaje de ventas para abordar las prioridades específicas de cada cliente.

Para entender la psicología del cliente, es fundamental desarrollar buenas habilidades de escucha. Escuchar activamente a tu cliente te permite recoger información valiosa sobre sus necesidades y deseos. Presta atención no solo a lo que dicen, sino también a cómo lo dicen. El tono de voz, el lenguaje corporal y las expresiones faciales pueden proporcionar pistas importantes sobre lo que realmente piensan y sienten. Al mostrar que estás genuinamente interesado en entender sus necesidades, puedes construir una relación de confianza, lo que es crucial para el éxito en las ventas.

Otro aspecto importante de la psicología del cliente es el concepto de puntos de dolor. Los puntos de dolor son problemas específicos o desafíos que enfrenta el cliente y que tu producto o servicio puede resolver. Identificar estos puntos de dolor y ofrecer una solución clara y efectiva es una manera poderosa de persuadir al cliente para que realice una compra. Por ejemplo, si estás vendiendo un software de gestión de proyectos, un punto de dolor común podría ser la dificultad para coordinar equipos de trabajo. Al resaltar cómo tu software puede simplificar esta tarea y mejorar la eficiencia, puedes captar el interés del cliente y motivarlo a comprar.

La confianza es otro factor crucial en la psicología del cliente. Los clientes prefieren comprar a personas y empresas en las que confían. Para construir confianza, es importante ser honesto y transparente en todas tus interacciones con el cliente. Cumple tus promesas y ofrece un servicio al cliente excepcional. También puedes utilizar testimonios y casos de éxito de otros clientes para demostrar la eficacia y fiabilidad de tu producto o servicio. La confianza se construye con el tiempo, pero es un elemento esencial para cerrar ventas de manera consistente.

La toma de decisiones del cliente también está influenciada por sus emociones. Las emociones juegan un papel importante en el comportamiento de compra, a menudo más de lo que nos damos cuenta. Un cliente puede tomar una decisión basada en cómo se siente acerca de un producto o servicio, incluso si no es la opción más lógica o racional. Por ejemplo, un cliente puede elegir un coche más caro porque le hace sentir exitoso o prestigioso. Como vendedor, es importante conectar con las emociones del cliente y hacerle sentir bien acerca de su decisión de compra. Usa historias y ejemplos que resuenen emocionalmente y que muestren los beneficios de tu producto de una manera que toque el corazón del cliente.

Además de las emociones, la percepción de valor es crucial en la psicología del cliente. Los clientes quieren sentir que están obteniendo un buen trato y que el valor de lo que están comprando supera el costo. Para aumentar la percepción de valor, destaca las características únicas y los beneficios de tu producto. Muestra cómo tu producto puede ahorrar tiempo, dinero o esfuerzo al cliente, o cómo puede mejorar su vida de manera significativa. Las comparaciones con productos de la competencia también pueden ayudar a resaltar el valor único de tu oferta.

La aversión al riesgo es otra consideración importante. Muchos clientes temen tomar una mala decisión y arrepentirse de su compra. Para mitigar este miedo, ofrece garantías, políticas de devolución flexibles y períodos de prueba. Asegura al cliente que, si no está satisfecho con su compra, tendrá opciones para resolver cualquier problema. Reducir el riesgo percibido puede hacer que el cliente se sienta más cómodo y seguro al tomar la decisión de compra.

Finalmente, es importante recordar que la psicología del cliente no es una ciencia exacta. Cada interacción es una oportunidad para aprender y ajustar tu enfoque. Mantente atento a las señales y feedback del cliente y utiliza esa información para mejorar continuamente tu proceso de ventas. Con práctica y dedicación, puedes dominar el arte de entender la psicología del cliente y utilizar ese conocimiento para cerrar más ventas de manera efectiva.

En resumen, la psicología del cliente es una herramienta poderosa que puede ayudarte a mejorar tus habilidades de ventas. Al entender lo que motiva a tus clientes, identificar sus puntos de dolor, construir confianza y conectar emocionalmente con ellos, puedes aumentar tus posibilidades de cerrar ventas de manera exitosa. Recuerda que cada cliente es único y que la adaptabilidad y la empatía son clave para entender y satisfacer sus necesidades. Con el tiempo, este conocimiento te permitirá no solo cerrar más ventas, sino también construir relaciones duraderas y exitosas con tus clientes.

Evelyn Wright

Estrategias de Cierre en Persona

Cerrar ventas en persona puede ser una experiencia emocionante y desafiante a la vez. Es en estos momentos cuando tienes la oportunidad de conectarte directamente con tu cliente, leer sus señales no verbales y adaptar tu enfoque en tiempo real. Para muchos vendedores, el cierre en persona es donde realmente pueden brillar y demostrar sus habilidades. Sin embargo, también es una etapa del proceso de ventas que requiere preparación, confianza y una comprensión profunda de las estrategias efectivas de cierre. En este capítulo, exploraremos algunas de las mejores estrategias para cerrar ventas en persona de manera efectiva.

Una de las estrategias más fundamentales para cerrar ventas en persona es el cierre directo. Este enfoque implica pedir directamente al cliente que realice la compra. Puede parecer simple, pero a menudo es increíblemente efectivo. Muchos clientes están listos para comprar, pero solo necesitan un pequeño empujón o una señal clara de que es el momento adecuado para hacerlo. Por ejemplo, después de haber presentado tu producto y respondido a todas las preguntas del cliente, puedes decir algo como "¿Le gustaría llevarse este producto hoy?" o "¿Podemos proceder con la compra ahora?". Esta pregunta directa puede ayudar a eliminar cualquier duda y mover al cliente hacia la decisión de compra.

Otra estrategia efectiva es el cierre alternativo. En lugar de preguntar al cliente si quiere comprar, le ofreces dos opciones para elegir, ambas conduciendo a una venta. Por ejemplo, podrías decir "¿Prefiere el modelo básico o el modelo avanzado?" o "¿Le gustaría pagar en efectivo o con tarjeta de crédito?". Al ofrecer opciones, reduces la posibilidad de un rechazo directo y ayudas al cliente a sentirse más en control de la decisión. Esta técnica también puede ser útil para guiar al cliente hacia una opción que le ofrezca mayor valor o beneficio.

El cierre por escasez es otra técnica poderosa que aprovecha el miedo del cliente a perder una oportunidad. Este enfoque implica resaltar la disponibilidad limitada del producto o una oferta especial por tiempo limitado. Por ejemplo, podrías decir "Tenemos solo unas pocas unidades disponibles en este momento" o

"Esta oferta especial solo estará disponible hasta el final de la semana". Al crear un sentido de urgencia, puedes motivar al cliente a tomar una decisión rápida y evitar perder la oportunidad de compra. Es importante ser honesto y auténtico con esta estrategia para no dañar la confianza del cliente.

La técnica del cierre por resumen es útil para reforzar todos los beneficios y características del producto que has discutido durante la presentación. Este enfoque implica resumir los puntos clave y luego pedir la venta. Por ejemplo, podrías decir "Como hemos hablado, este producto le ofrece X, Y y Z beneficios. Además, tenemos una garantía de satisfacción. ¿Le gustaría proceder con la compra ahora?". Al recordar al cliente todas las ventajas del producto, refuerzas su valor y haces que la decisión de compra sea más clara y atractiva.

El cierre por asunción es una estrategia donde actúas como si la decisión de compra ya estuviera tomada. Este enfoque puede ser muy efectivo cuando sientes que el cliente ya está convencido pero solo necesita un pequeño empujón final. Por ejemplo, podrías decir "Voy a preparar los documentos de compra para que pueda llevarse el producto hoy mismo" o "Vamos a coordinar la entrega para la próxima semana, ¿le parece bien?". Al asumir la venta, demuestras confianza y puedes ayudar al cliente a sentirse más seguro en su decisión.

El cierre por prueba es una técnica que permite al cliente experimentar el producto antes de tomar una decisión final. Este enfoque puede ser especialmente efectivo para productos que requieren una experiencia directa para apreciar completamente su valor. Por ejemplo, si estás vendiendo un automóvil, podrías invitar al cliente a realizar una prueba de manejo. Si vendes equipos de ejercicio, podrías ofrecer una demostración en la tienda. Al permitir que el cliente interactúe con el producto, puedes eliminar cualquier duda y hacer que se sienta más seguro en su decisión de compra.

Una estrategia adicional es el cierre por referencia, que implica utilizar testimonios y casos de éxito de otros clientes para persuadir al cliente a comprar. Puedes compartir historias de cómo otros clientes han beneficiado de tu producto y cómo ha resuelto problemas similares a los que el cliente actual está enfrentando. Por ejemplo, podrías decir "Un cliente similar al suyo estaba enfrentando el mismo problema y encontró que nuestro producto fue la solución perfecta. Desde entonces, han visto una mejora significativa en su eficiencia". Al proporcionar pruebas sociales y ejemplos concretos, puedes aumentar la confianza del cliente en tu producto y en la decisión de compra.

Finalmente, es crucial recordar la importancia de la empatía y la personalización en el cierre de ventas en persona. Cada cliente es diferente, y lo que funciona para uno puede no funcionar para otro. Tómate el tiempo para conocer a tu cliente, entender sus necesidades y adaptar tu enfoque en consecuencia. Mostrar empatía y comprensión puede crear una conexión más fuerte y aumentar las posibilidades de cerrar la venta de manera efectiva.

En resumen, cerrar ventas en persona requiere una combinación de estrategias efectivas, confianza y una comprensión profunda de las necesidades del cliente. Desde el cierre directo y alternativo hasta el cierre por escasez y prueba, hay muchas técnicas que puedes utilizar para guiar al cliente hacia la decisión de compra. La clave es ser auténtico, empático y adaptable, ajustando tu enfoque a cada situación y cliente. Con práctica y dedicación, puedes dominar el arte del cierre en persona y aumentar significativamente tus tasas de éxito en ventas.

Cierre de Ventas por Chat

Cerrar ventas por chat puede parecer un desafío, ya que no tienes la ventaja de la comunicación cara a cara. Sin embargo, con las estrategias adecuadas, puedes convertir las conversaciones por chat en una poderosa herramienta de ventas. La clave está en saber cómo interactuar eficazmente, crear una conexión con el cliente y guiarlo suavemente hacia la decisión de compra. En este capítulo, exploraremos diversas técnicas y consejos para cerrar ventas por chat de manera efectiva.

La primera estrategia fundamental en el cierre de ventas por chat es la respuesta rápida. En un mundo donde la inmediatez es cada vez más valorada, responder rápidamente a los mensajes del cliente puede hacer una gran diferencia. Cuando un cliente te contacta por chat, generalmente está buscando respuestas rápidas y soluciones inmediatas. Al responder con prontitud, no solo demuestras profesionalismo, sino que también mantienes el interés del cliente, evitando que se vaya a buscar alternativas en otro lugar.

Otra técnica importante es personalizar la conversación. Los clientes quieren sentir que están hablando con una persona real y no con un bot. Utiliza su nombre y haz preguntas relevantes sobre sus necesidades y preferencias. Por ejemplo, si un cliente está interesado en un producto específico, puedes preguntar "¿Qué características de este producto son más importantes para usted?" o "¿Cómo planea usar este producto?". Estas preguntas no solo te ayudarán a entender mejor las necesidades del cliente, sino que también mostrarán que te importa su satisfacción.

Es esencial mantener una comunicación clara y concisa. En el chat, los clientes no tienen tiempo ni paciencia para leer mensajes largos y complicados. Asegúrate de que tus respuestas sean directas y al grano. Usa oraciones cortas y claras para transmitir tu mensaje de manera efectiva. Si el cliente tiene preguntas, respóndelas de manera precisa y ofrece información adicional solo cuando sea necesario. La claridad en la comunicación puede ayudar a evitar malentendidos y a mantener al cliente enfocado en el proceso de compra.

Una técnica efectiva en el cierre de ventas por chat es utilizar la persuasión suave. Esto implica guiar al cliente hacia la decisión de compra sin ser agresivo o insistente. Por ejemplo, después de proporcionar la información solicitada, puedes decir algo como "¿Le gustaría proceder con la compra?" o "Puedo ayudarle a finalizar su pedido ahora mismo". Esta sugerencia sutil puede ser todo lo que el cliente necesita para tomar la decisión de compra. La persuasión suave es sobre todo efectiva porque crea un ambiente de cooperación en lugar de presión.

El uso de recursos visuales también puede ser muy útil en el chat. A menudo, una imagen o un video pueden comunicar más de lo que las palabras pueden lograr. Si el cliente está interesado en un producto específico, envíale imágenes de alta calidad o videos que muestren el producto en uso. Estos recursos visuales pueden ayudar al cliente a visualizar el producto y a entender mejor sus beneficios. Además, los elementos visuales pueden hacer la conversación más atractiva y mantener el interés del cliente.

La oferta de promociones y descuentos exclusivos a través del chat es otra estrategia eficaz. Por ejemplo, puedes decir "Solo por hoy, estamos ofreciendo un descuento del 10% en este producto" o "Si realiza su compra ahora, puede obtener un envío gratuito". Estas ofertas exclusivas pueden crear un sentido de urgencia y motivar al cliente a tomar una decisión rápida. Asegúrate de que estas promociones sean claras y fáciles de aplicar para el cliente.

Un aspecto crucial del cierre de ventas por chat es el seguimiento. No todos los clientes estarán listos para comprar inmediatamente. Algunos pueden necesitar tiempo para pensar o consultar con otras personas. En estos casos, es importante hacer un seguimiento adecuado. Puedes enviar un mensaje de seguimiento amable, preguntando si tienen alguna otra pregunta o si necesitan más información. Por ejemplo, "Hola, solo quería saber si tuvo la oportunidad de revisar la información que le envié. ¿Puedo ayudarle con algo más?". El seguimiento demuestra que te importa la satisfacción del cliente y puede reactivar el interés en la compra.

Además, es importante manejar las objeciones de manera efectiva. Los clientes pueden tener dudas o preocupaciones sobre el producto o el proceso de compra. En lugar de ver estas objeciones como obstáculos, considéralas oportunidades para aclarar y reforzar el valor de tu producto. Escucha atentamente las preocupaciones del cliente y ofrece respuestas detalladas y tranquilizadoras. Por ejemplo, si un cliente expresa preocupación por el precio, puedes destacar las características y beneficios adicionales que justifican el costo.

Finalmente, el cierre de ventas por chat requiere una actitud positiva y amigable. La forma en que te comunicas puede tener un gran impacto en la experiencia del cliente. Asegúrate de ser amable, paciente y profesional en todo momento. Un tono positivo puede hacer que el cliente se sienta más cómodo y confiado en su decisión de compra. Incluso si el cliente no compra de inmediato, una interacción positiva puede dejar una impresión duradera y aumentar las posibilidades de futuras ventas.

En resumen, cerrar ventas por chat puede ser una tarea desafiante, pero con las estrategias adecuadas, puedes convertir cada conversación en una oportunidad de ventas. Desde la respuesta rápida y la personalización hasta la persuasión suave y el uso de recursos visuales, hay muchas técnicas que puedes utilizar para guiar al cliente hacia la decisión de compra. Recuerda mantener una comunicación clara, ofrecer promociones exclusivas, hacer un seguimiento adecuado y manejar las objeciones con habilidad. Con práctica y dedicación, puedes dominar el arte del cierre de ventas por chat y aumentar significativamente tus tasas de éxito en ventas.

Cierre de Ventas Pequeñas

Cerrar ventas pequeñas puede parecer menos complicado que cerrar ventas grandes, pero sigue siendo un proceso crucial que requiere su propia estrategia y enfoque. Las ventas pequeñas pueden no generar grandes ingresos por transacción, pero son el alma de muchos negocios y, a menudo, pueden sumarse para tener un impacto significativo en el total de ventas. Además, cerrar ventas pequeñas de manera efectiva puede ayudar a construir relaciones con los clientes y abrir la puerta a futuras ventas más grandes. En este capítulo, exploraremos las mejores estrategias para cerrar ventas pequeñas de manera efectiva y eficiente.

La primera clave para cerrar ventas pequeñas es comprender el valor del producto desde la perspectiva del cliente. Aunque el valor monetario puede ser menor, el producto aún debe satisfacer una necesidad o deseo del cliente. Es fundamental comunicar claramente los beneficios del producto y cómo puede mejorar la vida del cliente, incluso en pequeñas formas. Por ejemplo, si estás vendiendo un accesorio para teléfonos móviles, puedes resaltar cómo este accesorio hará que el uso del teléfono sea más conveniente o divertido. Al enfocar la conversación en los beneficios, puedes ayudar al cliente a ver el valor del producto, sin importar su precio.

Otra estrategia importante es la simplicidad en el proceso de compra. Para las ventas pequeñas, el proceso de compra debe ser lo más sencillo y directo posible. Los clientes no quieren pasar mucho tiempo tomando una decisión para una compra menor. Asegúrate de que el proceso de selección, pago y entrega sea rápido y sin complicaciones. Por ejemplo, si tienes una tienda en línea, optimiza la experiencia del usuario para que puedan agregar productos al carrito y completar la compra en unos pocos clics. La simplicidad y la conveniencia son esenciales para cerrar ventas pequeñas con éxito.

El uso de ofertas especiales y promociones puede ser muy efectivo para cerrar ventas pequeñas. Los descuentos, ofertas de compra uno y lleva otro gratis, o promociones de tiempo limitado pueden motivar a los clientes a realizar una compra inmediata. Por ejemplo, podrías ofrecer un descuento del 10% en compras menores a cierta cantidad o un pequeño regalo por cada compra realizada. Estas ofertas pueden hacer que el producto sea aún más atractivo y convencer al cliente de que está obteniendo un buen trato. Además, las promociones pueden crear un sentido de urgencia, lo que puede acelerar la decisión de compra.

La personalización también juega un papel crucial en el cierre de ventas pequeñas. Aunque el valor de la transacción puede ser menor, los clientes aprecian un trato personalizado. Llama al cliente por su nombre y haz recomendaciones basadas en sus compras anteriores o intereses conocidos. Por ejemplo, si un cliente ha comprado productos relacionados con la cocina, podrías sugerirle utensilios de cocina adicionales que complementen sus compras anteriores. La personalización puede hacer que el cliente se sienta valorado y más propenso a completar la compra.

La presentación del producto es otro aspecto importante. Incluso para ventas pequeñas, la forma en que presentas el producto puede influir en la decisión de compra del cliente. Asegúrate de que los productos estén bien presentados, con descripciones claras y fotos de alta calidad. Si es posible, incluye testimonios de clientes que destaquen la calidad y utilidad del producto. Una buena presentación puede hacer que el producto se vea más valioso y atractivo, lo que puede ayudar a cerrar la venta.

La construcción de confianza es esencial para cerrar cualquier venta, incluidas las ventas pequeñas. Asegúrate de que el cliente se sienta seguro comprando tu producto. Ofrece garantías de satisfacción o políticas de devolución claras para que el cliente sepa que puede devolver el producto si no cumple con sus expectativas. La transparencia y la honestidad en la comunicación también son cruciales. Responde a cualquier pregunta o inquietud que el cliente pueda tener de manera clara y honesta. La confianza puede ser un factor decisivo en la decisión de compra, incluso para productos de bajo costo.

El seguimiento es otra estrategia importante para cerrar ventas pequeñas. No todos los clientes comprarán en el primer contacto, y es posible que necesiten un recordatorio o una pequeña incentivación para completar la compra. Envía correos electrónicos de seguimiento o mensajes amables recordándoles el producto que estaban considerando. Por ejemplo, podrías enviar un correo diciendo "Notamos que estaba interesado en este producto. Aquí tiene un descuento especial si realiza su compra hoy". El seguimiento demuestra que valoras al cliente y estás dispuesto a ayudarlo a completar su compra.

Además, ofrecer múltiples opciones de pago puede facilitar el cierre de ventas pequeñas. Asegúrate de que los clientes puedan pagar de la manera que les resulte más conveniente, ya sea con tarjeta de crédito, débito, transferencias bancarias o pagos móviles. Cuantas más opciones de pago ofrezcas, más fácil será para el cliente completar la compra. La flexibilidad en las opciones de pago puede ser un factor decisivo, especialmente para productos de bajo costo donde el proceso de pago no debería ser un obstáculo.

Por último, es importante mantener una actitud positiva y entusiasta durante todo el proceso de venta. Los clientes pueden sentir tu energía y actitud, y una actitud positiva puede hacer que la experiencia de compra sea más agradable. Incluso si la venta es pequeña, cada interacción con el cliente es una oportunidad para construir una relación positiva que pueda llevar a futuras ventas. Agradece al cliente por su compra y hazle saber que aprecias su negocio. Una experiencia de compra positiva puede llevar a recomendaciones boca a boca y lealtad del cliente.

En resumen, cerrar ventas pequeñas requiere una combinación de comprensión del valor del producto, simplicidad en el proceso de compra, ofertas especiales, personalización, buena presentación, construcción de confianza, seguimiento, opciones de pago flexibles y una actitud positiva. Aunque cada venta individual puede ser pequeña, el impacto acumulativo de cerrar muchas ventas pequeñas puede ser significativo para tu negocio. Con las estrategias adecuadas, puedes maximizar tus ventas pequeñas y construir una base sólida de clientes satisfechos.

Cierre de Ventas Grandes

Cerrar ventas grandes es un desafío emocionante y gratificante en el mundo de las ventas. Las ventas grandes pueden tener un impacto significativo en tus ingresos y en el crecimiento de tu negocio. Sin embargo, requieren una estrategia diferente y más detallada que las ventas pequeñas. En este capítulo, exploraremos diversas estrategias y técnicas para cerrar ventas grandes de manera efectiva y eficiente.

La primera clave para cerrar ventas grandes es la investigación. Antes de siquiera contactar al cliente, debes conocer a fondo su negocio, sus necesidades, sus desafíos y sus objetivos. Investiga sobre su industria, su posición en el mercado y sus competidores. Cuanta más información tengas, mejor podrás adaptar tu presentación y propuesta a las necesidades específicas del cliente. La investigación también te permite identificar los puntos débiles del cliente y cómo tu producto o servicio puede ofrecer una solución valiosa.

Una vez que hayas realizado tu investigación, el siguiente paso es establecer una conexión sólida con el cliente. Las ventas grandes a menudo implican una relación más profunda y duradera con el cliente. Tómate el tiempo para conocer a las personas clave involucradas en el proceso de compra. Establecer una relación de confianza es esencial. Escucha atentamente sus necesidades y preocupaciones, y muestra un interés genuino en ayudarles a alcanzar sus objetivos. La confianza y la credibilidad son fundamentales para cerrar ventas grandes.

La presentación de tu propuesta es otro aspecto crucial. Para las ventas grandes, la presentación debe ser detallada y personalizada. Asegúrate de que tu propuesta aborde específicamente las necesidades y desafíos del cliente. Utiliza datos y ejemplos concretos para respaldar tus afirmaciones. Por ejemplo, si estás vendiendo una solución tecnológica, muestra cómo ha ayudado a otras empresas similares a mejorar su eficiencia y reducir costos. Una presentación bien estructurada y basada en hechos puede convencer al cliente de que tu producto o servicio es la mejor opción.

La demostración del producto es una parte vital del proceso de cierre de ventas grandes. En muchos casos, el cliente querrá ver el producto en acción antes de tomar una decisión. Organiza demostraciones detalladas y personalizadas que muestren cómo el producto puede resolver los problemas específicos del cliente. Asegúrate de que el cliente tenga la oportunidad de hacer preguntas y aclarar cualquier duda durante la demostración. Una demostración exitosa puede ser el factor decisivo que lleve al cliente a tomar la decisión de compra.

El manejo de objeciones es otro aspecto importante del cierre de ventas grandes. Los clientes pueden tener preocupaciones o dudas que necesitan ser abordadas antes de comprometerse con una compra importante. Escucha atentamente las objeciones del cliente y respóndelas de manera clara y honesta. Proporciona pruebas y ejemplos que respalden tus respuestas. Por ejemplo, si el cliente está preocupado por el costo, puedes demostrar cómo el retorno de inversión (ROI) justifica el gasto inicial. Manejar las objeciones de manera efectiva puede ayudar a superar las barreras y avanzar hacia el cierre.

La negociación es a menudo una parte inevitable del cierre de ventas grandes. Los clientes pueden querer discutir los términos del contrato, el precio, las condiciones de pago u otros aspectos del acuerdo. Prepárate para negociar de manera flexible y profesional. Establece tus límites y prioridades antes de la negociación, pero también muestra disposición a encontrar un punto medio que satisfaga a ambas partes. La negociación exitosa implica ceder en algunos aspectos mientras aseguras que el acuerdo final sea beneficioso para tu negocio.

El uso de testimonios y referencias es una estrategia poderosa en el cierre de ventas grandes. Los clientes potenciales a menudo buscan pruebas de que tu producto o servicio ha sido exitoso en otras empresas similares. Proporciona testimonios de clientes satisfechos y referencias que puedan hablar sobre su experiencia positiva con tu producto. Los estudios de caso también son útiles para mostrar cómo has ayudado a otras empresas a lograr resultados significativos. La evidencia social puede aumentar la confianza del cliente en tu propuesta.

El seguimiento continuo es esencial en el proceso de cierre de ventas grandes. A diferencia de las ventas pequeñas, las ventas grandes pueden requerir múltiples reuniones y comunicaciones antes de llegar a una decisión final. Mantén una comunicación regular y constante con el cliente. Envía correos electrónicos de seguimiento, llamadas telefónicas o incluso visitas en persona para mantener el interés y abordar cualquier preocupación adicional. El seguimiento muestra tu compromiso y puede mantener el impulso hacia el cierre.

Ofrecer soluciones personalizadas y valor agregado puede ser un factor decisivo en el cierre de ventas grandes. En lugar de ofrecer un enfoque genérico, adapta tu propuesta para que se alinee con las necesidades y objetivos específicos del cliente. Identifica oportunidades para agregar valor adicional, como servicios de consultoría, soporte técnico extendido o capacitación adicional. Mostrar que estás dispuesto a ir más allá para garantizar el éxito del cliente puede diferenciarte de la competencia y fortalecer tu propuesta.

Finalmente, la paciencia y la persistencia son esenciales en el cierre de ventas grandes. Estos procesos pueden ser largos y complejos, y es posible que enfrentes varios obstáculos en el camino. Mantén una actitud positiva y persistente, y no te desanimes por los desafíos. Cada interacción con el cliente es una oportunidad para avanzar y construir una relación más sólida. La persistencia y la dedicación pueden eventualmente llevarte al cierre exitoso de la venta.

En resumen, cerrar ventas grandes requiere una combinación de investigación exhaustiva, construcción de relaciones, presentaciones detalladas, demostraciones efectivas, manejo de objeciones, negociación flexible, uso de testimonios, seguimiento continuo, soluciones personalizadas y una actitud de paciencia y persistencia. Aunque el proceso puede ser desafiante, las recompensas de cerrar una venta grande pueden ser significativas. Con las estrategias adecuadas y un enfoque profesional, puedes aumentar tus posibilidades de éxito y cerrar ventas grandes que impulsen el crecimiento de tu negocio.

El Poder del Convencimiento

El poder del convencimiento es una herramienta fundamental en el mundo de las ventas. La capacidad de convencer a alguien de que tu producto o servicio es exactamente lo que necesitan puede marcar la diferencia entre el éxito y el fracaso en una venta. Convencer no se trata de manipular o engañar; se trata de comunicar de manera efectiva el valor y los beneficios de lo que ofreces. En este capítulo, exploraremos diversas técnicas y estrategias para desarrollar y utilizar el poder del convencimiento de manera efectiva y ética.

Para empezar, es importante comprender que el convencimiento comienza con la confianza en tu propio producto o servicio. Si no estás completamente seguro de lo que estás vendiendo, será difícil convencer a otros. Tómate el tiempo para conocer a fondo tu producto, sus características, beneficios y cómo se compara con la competencia. Cuanto más sepas, más convincente serás. Por ejemplo, si vendes un software, debes conocer sus funcionalidades, los problemas que resuelve y cómo ha ayudado a otros clientes. Esta confianza se reflejará en tu discurso y te permitirá hablar con autoridad y credibilidad.

La empatía es otra herramienta poderosa en el convencimiento. Ponerte en el lugar del cliente y entender sus necesidades, deseos y preocupaciones te permitirá adaptar tu mensaje de manera más efectiva. Escucha activamente lo que el cliente tiene que decir, haz preguntas para profundizar en sus necesidades y demuestra que te importa realmente su situación. Por ejemplo, si un cliente está preocupado por el costo, en lugar de ignorar esa preocupación, aborda el tema y explica cómo el valor del producto justifica la inversión. La empatía crea una conexión emocional y hace que el cliente se sienta comprendido y valorado.

La narrativa es una técnica efectiva para convencer. Las personas se conectan con historias, y una buena historia puede hacer que tu producto o servicio sea más memorable y atractivo. Comparte historias de éxito de otros clientes que hayan utilizado tu producto y hayan obtenido resultados positivos. Por ejemplo, si vendes un producto de salud, cuenta la historia de un cliente que mejoró su calidad de vida gracias a tu producto. Las historias ayudan a ilustrar los beneficios de manera tangible y pueden hacer que el cliente se vea a sí mismo obteniendo los mismos resultados positivos.

La claridad y la simplicidad en la comunicación son cruciales para el convencimiento. Evita el uso de jerga técnica o explicaciones complicadas que puedan confundir al cliente. En lugar de eso, utiliza un lenguaje simple y directo que cualquier persona pueda entender. Por ejemplo, si estás vendiendo un servicio financiero, en lugar de usar términos complejos, explica claramente cómo el servicio puede ayudar al cliente a ahorrar dinero o gestionar mejor sus finanzas. La simplicidad en el mensaje facilita la comprensión y hace que sea más fácil para el cliente tomar una decisión informada.

La demostración es otra técnica clave para convencer. Ver es creer, y cuando los clientes pueden ver el producto en acción o experimentar sus beneficios de primera mano, es más probable que se convenzan. Organiza demostraciones, pruebas gratuitas o muestras del producto para que los clientes puedan probarlo por sí mismos. Por ejemplo, si vendes un producto de belleza, ofrece muestras para que los clientes puedan ver y sentir los resultados. Una demostración efectiva puede eliminar dudas y mostrar claramente el valor del producto.

El uso de testimonios y pruebas sociales también es muy poderoso. Los clientes potenciales a menudo buscan la validación de otros antes de tomar una decisión de compra. Proporciona testimonios de clientes satisfechos y casos de éxito que demuestren los beneficios de tu producto. Por ejemplo, incluye comentarios de clientes que destaquen cómo tu producto les ha ayudado a resolver un problema específico. La prueba social puede generar confianza y hacer que el cliente se sienta más seguro al tomar una decisión.

La urgencia es una técnica que puede ayudar a acelerar el proceso de decisión. Crear un sentido de urgencia puede motivar al cliente a actuar de inmediato en lugar de posponer la decisión. Utiliza promociones de tiempo limitado, descuentos especiales o la disponibilidad limitada de productos para crear este sentido de urgencia. Por ejemplo, podrías ofrecer un descuento del 20% que solo está disponible durante una semana. La urgencia puede empujar al cliente a tomar acción antes de perder la oportunidad.

La consistencia y la repetición son esenciales en el proceso de convencimiento. No todos los clientes tomarán una decisión en el primer contacto. Es importante mantener una comunicación regular y consistente con el cliente. Envía correos electrónicos de seguimiento, ofrece información adicional y mantente disponible para responder a cualquier pregunta o inquietud. La repetición del mensaje y el contacto continuo pueden mantener el interés del cliente y fortalecer tu argumento.

La autenticidad y la honestidad son fundamentales para el convencimiento a largo plazo. Los clientes pueden detectar la falta de sinceridad y esto puede erosionar la confianza. Sé transparente sobre lo que tu producto puede y no puede hacer. Si hay limitaciones, admítelo y enfócate en cómo puedes mitigar esos aspectos. Por ejemplo, si vendes un software que no tiene una característica específica que el cliente desea, sé honesto sobre ello, pero destaca las otras características que pueden ser beneficiosas. La honestidad construye una base sólida de confianza y puede hacer que los clientes respeten tu integridad.

Finalmente, la práctica y el aprendizaje continuo son clave para desarrollar y perfeccionar tus habilidades de convencimiento. Estudia técnicas de comunicación, toma cursos de ventas y aprende de cada interacción con los clientes. Reflexiona sobre lo que funcionó y lo que no, y ajusta tu enfoque en consecuencia. La mejora continua te permitirá ser más efectivo en tus esfuerzos de convencimiento y aumentar tus tasas de cierre.

En resumen, el poder del convencimiento en las ventas se basa en una combinación de confianza en tu producto, empatía, narrativa, claridad, demostración, pruebas sociales, urgencia, consistencia, autenticidad y aprendizaje continuo. Al aplicar estas estrategias de manera ética y efectiva, puedes mejorar tus habilidades de ventas y aumentar tus posibilidades de éxito. Convencer no se trata de manipular, sino de comunicar el valor de manera clara y genuina para ayudar a los clientes a tomar decisiones informadas y beneficiosas.

Técnicas de Cierre Efectivas

Cerrar una venta es el momento culminante de cualquier proceso de ventas, y para lograrlo de manera efectiva, es crucial dominar diversas técnicas de cierre. Cada cliente es diferente, y lo que funciona para uno puede no ser efectivo para otro. Por eso, es importante tener una variedad de técnicas a tu disposición y saber cuándo y cómo utilizarlas. En este capítulo, exploraremos algunas de las técnicas de cierre más efectivas y cómo aplicarlas en diversas situaciones de ventas.

Una de las técnicas de cierre más conocidas es el cierre directo. Este método implica pedir de manera directa y clara al cliente que tome una decisión. Es una técnica simple pero poderosa. Por ejemplo, después de una presentación completa de tu producto, puedes preguntar: "¿Está listo para hacer el pedido hoy?" Este tipo de cierre es más efectivo cuando ya has construido una relación de confianza y el cliente ha mostrado interés en tu producto. La claridad y la confianza en tu pregunta pueden motivar al cliente a tomar una decisión rápida.

Otra técnica efectiva es el cierre por opción. En lugar de preguntar si el cliente quiere comprar, ofrécele dos opciones para elegir. Por ejemplo, podrías preguntar: "¿Prefiere la versión estándar o la versión premium?" Al dar opciones, el cliente se enfoca en cuál opción elegir en lugar de si comprar o no. Esta técnica puede ser particularmente útil para productos con diferentes niveles de características o servicios. Al ofrecer opciones, también demuestras flexibilidad y adaptación a las necesidades del cliente.

El cierre por asunción es una técnica que implica actuar como si la decisión de compra ya se hubiera tomado. Puedes empezar a llenar la orden o preguntar detalles específicos de entrega como si el cliente ya hubiera dicho que sí. Por ejemplo, podrías decir: "¿A qué dirección le gustaría que enviáramos el producto?" Este enfoque puede suavizar la transición hacia el cierre y hacer que el cliente se sienta más comprometido con la decisión. Sin embargo, es importante usar esta técnica con tacto para no parecer presuntuoso.

La técnica del cierre por beneficio destacado se centra en resaltar un beneficio clave que es especialmente importante para el cliente. Durante la conversación, habrás identificado lo que más le importa al cliente, como el ahorro de tiempo, el costo, la calidad, etc. Al llegar al cierre, enfatiza cómo tu producto satisface esa necesidad específica. Por ejemplo, podrías decir: "Con este producto, podrá ahorrar hasta un 30% en costos de operación." Al enfocar el cierre en un beneficio crucial, puedes hacer que la decisión de compra sea más atractiva para el cliente.

El cierre por escasez crea un sentido de urgencia al indicar que el producto o la oferta es limitada. Puedes mencionar que hay pocas unidades disponibles o que la oferta especial expira pronto. Por ejemplo: "Tenemos solo cinco unidades restantes a este precio especial." Esta técnica puede motivar al cliente a actuar rápidamente para no perderse la oportunidad. Sin embargo, es importante usar la escasez de manera honesta y ética para no dañar la confianza del cliente.

La técnica del cierre por garantía ofrece al cliente una seguridad adicional al proporcionar una garantía o una política de devolución. Esto puede reducir el riesgo percibido por el cliente y hacer que se sienta más cómodo tomando la decisión de compra. Por ejemplo, podrías decir: "Si no está completamente satisfecho con el producto, tiene 30 días para devolverlo y obtener un reembolso completo." La garantía muestra confianza en tu producto y puede ser el empujón final que el cliente necesita para tomar la decisión.

El cierre por prueba es una técnica donde ofreces una prueba gratuita o un período de prueba antes de la compra completa. Esto permite al cliente experimentar los beneficios del producto sin compromiso. Por ejemplo, podrías decir: "Pruebe nuestro servicio durante un mes sin costo y decida después si quiere continuar." Esta técnica puede ser especialmente efectiva para productos o servicios que requieren una demostración de su valor. La prueba gratuita reduce la barrera de entrada y puede convertir la prueba en una venta definitiva.

El cierre por preguntas finales implica hacer una serie de preguntas que lleven al cliente a tomar una decisión. Estas preguntas deben estar diseñadas para confirmar que el cliente está listo para comprar. Por ejemplo: "¿Está satisfecho con las características que hemos discutido?" "¿Le parece bien el precio?" "¿Quiere recibir el producto en su domicilio o en su oficina?" Cada respuesta afirmativa acerca más al cliente al cierre. Esta técnica también puede ayudarte a identificar y resolver cualquier objeción final que el cliente pueda tener.

El cierre por referencia a otros clientes utiliza la prueba social para persuadir al cliente. Puedes mencionar cómo otros clientes similares han tenido éxito con tu producto o servicio. Por ejemplo: "Muchos de nuestros clientes en su industria han visto un aumento significativo en la productividad después de usar nuestro producto." La prueba social puede reforzar la credibilidad de tu producto y hacer que el cliente se sienta más seguro en su decisión.

Finalmente, la técnica del cierre por resumen implica resumir los puntos clave de la conversación y cómo tu producto satisface las necesidades del cliente. Al finalizar, puedes preguntar si el cliente está listo para proceder. Por ejemplo: "Hemos discutido cómo nuestro producto puede ayudarle a mejorar la eficiencia y reducir costos. ¿Está listo para hacer el pedido?" Resumir los beneficios puede reforzar el valor de tu propuesta y ayudar al cliente a tomar una decisión informada.

En resumen, dominar una variedad de técnicas de cierre puede aumentar significativamente tus tasas de éxito en las ventas. Cada técnica tiene su momento y su lugar, y la clave es saber cuándo y cómo utilizarlas. El cierre directo, por opción, por asunción, por beneficio destacado, por escasez, por garantía, por prueba, por preguntas finales, por referencia a otros clientes y por resumen son herramientas poderosas que puedes aplicar en diversas situaciones. Al entender y practicar estas técnicas, puedes cerrar ventas de manera más efectiva y construir relaciones duraderas con tus clientes. El arte del cierre de ventas es una habilidad que se perfecciona con el tiempo y la experiencia, y con las estrategias adecuadas, puedes convertirte en un maestro del cierre.

Manejo de Objeciones

El manejo de objeciones es una habilidad crucial en el proceso de ventas. Las objeciones son una parte natural de cualquier conversación de ventas y, en lugar de verlas como un obstáculo, deberías considerarlas como oportunidades para profundizar tu relación con el cliente y abordar sus preocupaciones de manera efectiva. Este capítulo explorará diversas estrategias y técnicas para manejar objeciones de manera que puedas convertir esas dudas en decisiones de compra.

Primero, es fundamental entender que las objeciones no son rechazos personales, sino preocupaciones legítimas que el cliente tiene sobre el producto, el precio, la necesidad, el tiempo o cualquier otra cosa. Al abordar estas preocupaciones con empatía y comprensión, puedes construir una relación de confianza y demostrar que te importa realmente su satisfacción.

Una de las técnicas más efectivas para manejar objeciones es escuchar activamente. Cuando un cliente plantea una objeción, es importante que le des toda tu atención y escuches sin interrumpir. Deja que el cliente exprese completamente sus preocupaciones antes de responder. Esto no solo te da una comprensión completa de la objeción, sino que también muestra al cliente que valoras su opinión. Por ejemplo, si un cliente dice que el precio es demasiado alto, en lugar de interrumpir, deja que termine de hablar y luego aborda su preocupación.

Una vez que hayas escuchado la objeción, demuestra empatía. Reconoce la preocupación del cliente y hazle saber que entiendes su punto de vista. Puedes decir algo como: "Entiendo que el precio puede parecer elevado, y aprecio que lo mencione." La empatía ayuda a desarmar cualquier tensión y hace que el cliente se sienta comprendido.

Después de demostrar empatía, es hora de investigar más a fondo la objeción. Haz preguntas abiertas para entender mejor la preocupación del cliente. Por ejemplo, si la objeción es sobre el precio, podrías preguntar: "¿Podría decirme más sobre sus preocupaciones respecto al precio?" Esto te permitirá obtener información adicional que puede ser crucial para abordar la objeción de manera efectiva. Al investigar, también demuestras que estás interesado en encontrar una solución adecuada para el cliente.

Una vez que comprendas completamente la objeción, proporciona una respuesta informada. Esta respuesta debe abordar directamente la preocupación del cliente y ofrecer una solución o una perspectiva que pueda cambiar su opinión. Por ejemplo, si la objeción es sobre el precio, podrías destacar el valor y los beneficios a largo plazo del producto. Podrías decir: "Entiendo su preocupación sobre el precio inicial, pero permítame explicar cómo este producto puede ahorrarle dinero a largo plazo al reducir costos operativos." Proporciona ejemplos concretos o testimonios de otros clientes que hayan encontrado valor en el producto a pesar del precio inicial.

Otra técnica útil es reencuadrar la objeción. Esto implica cambiar la perspectiva del cliente sobre su preocupación. Por ejemplo, si un cliente objeta que no tiene tiempo para aprender a usar un nuevo software, podrías reencuadrar diciendo: "Entiendo que está ocupado, y precisamente por eso este software es ideal para usted. Está diseñado para ser intuitivo y fácil de usar, lo que le permitirá ahorrar tiempo en el largo plazo." Al reencuadrar la objeción, ayudas al cliente a ver la situación desde una perspectiva diferente que puede aliviar su preocupación.

A veces, la mejor manera de manejar una objeción es anticiparla antes de que se convierta en un problema. Durante tu presentación de ventas, menciona las objeciones comunes que otros clientes han tenido y cómo las has abordado. Por ejemplo: "Algunos clientes inicialmente tienen preocupaciones sobre el precio, pero una vez que ven el ahorro y los beneficios a largo plazo, encuentran que la inversión vale la pena." Al anticipar las objeciones, demuestras que estás preparado y que has pensado en las preocupaciones del cliente.

El uso de la prueba social también puede ser efectivo para manejar objeciones. Menciona ejemplos de otros clientes que tenían preocupaciones similares y cómo se resolvieron esas preocupaciones. Por ejemplo: "Uno de nuestros clientes también estaba preocupado por el precio, pero después de usar el producto durante unos meses, nos dijeron que habían recuperado su inversión gracias a los beneficios que obtuvieron." La prueba social puede ayudar a construir confianza y demostrar que otros han encontrado valor en tu producto a pesar de sus preocupaciones iniciales.

En algunos casos, puede ser útil ofrecer una garantía o un período de prueba para aliviar las preocupaciones del cliente. Si la objeción es sobre la efectividad del producto, podrías decir: "Le ofrecemos una garantía de devolución de dinero de 30 días. Si no está completamente satisfecho, puede devolver el producto sin ningún costo." Esta oferta puede reducir el riesgo percibido y dar al cliente la confianza para probar el producto.

Es importante recordar que no todas las objeciones pueden ser superadas en el momento. Si encuentras una objeción que no puedes resolver de inmediato, sé honesto y abierto al respecto. Di algo como: "Entiendo su preocupación y quiero asegurarme de que obtenga la mejor respuesta posible. Permítame investigar un poco más y le volveré a contactar con una solución." Esta respuesta muestra que valoras la honestidad y que estás comprometido a encontrar una solución adecuada.

Finalmente, la práctica y la preparación son clave para manejar objeciones de manera efectiva. Toma tiempo para reflexionar sobre las objeciones comunes que enfrentas y desarrolla respuestas bien pensadas para cada una. Practica estas respuestas con colegas o en simulaciones de ventas para que te sientas más seguro y preparado cuando enfrentes objeciones reales.

En resumen, el manejo de objeciones es una parte esencial del proceso de ventas que requiere empatía, escucha activa, investigación y respuestas informadas. Al abordar las preocupaciones del cliente de manera efectiva, puedes convertir objeciones en oportunidades y construir una relación de confianza y respeto con el cliente. Recuerda que cada objeción es una oportunidad para demostrar tu conocimiento, tu compromiso y la calidad de tu producto o servicio. Con las estrategias adecuadas, puedes superar las objeciones y cerrar más ventas de manera efectiva.

Evelyn Wright

Seguimiento Post-Cierre

El seguimiento post-cierre es una parte esencial del proceso de ventas que a menudo se pasa por alto. Una vez que has cerrado la venta, no puedes simplemente dar por terminado el proceso y olvidarte del cliente. El seguimiento es crucial para asegurarte de que el cliente esté satisfecho, para fomentar una relación a largo plazo y para abrir la puerta a futuras ventas. Este capítulo se enfocará en la importancia del seguimiento post-cierre y en las mejores prácticas para hacerlo de manera efectiva.

Después de cerrar una venta, el primer paso en el seguimiento es agradecer al cliente por su compra. Este simple gesto de gratitud puede marcar una gran diferencia en cómo el cliente percibe tu negocio. Un correo electrónico de agradecimiento personalizado, una llamada telefónica o incluso una nota escrita a mano pueden hacer que el cliente se sienta valorado y apreciado. Por ejemplo, podrías enviar un mensaje diciendo: "Queremos agradecerle sinceramente por su compra. Estamos encantados de tenerlo como cliente y esperamos que disfrute de su producto."

El siguiente paso en el seguimiento es asegurarte de que el cliente esté satisfecho con su compra. Esto implica verificar que el producto o servicio cumpla con sus expectativas y que no haya problemas o inquietudes. Puedes hacer esto a través de una llamada telefónica de seguimiento, un correo electrónico o una encuesta de satisfacción. Pregunta al cliente cómo está usando el producto, si tiene alguna pregunta o problema, y si hay algo más que puedas hacer para mejorar su experiencia. Por ejemplo, podrías decir: "Solo quería verificar que todo esté bien con su reciente compra. ¿Hay algo con lo que pueda ayudarlo o alguna pregunta que tenga?"

El seguimiento también es una oportunidad para educar al cliente sobre cómo obtener el máximo valor de su compra. Proporciona consejos, trucos y recursos adicionales que puedan ayudar al cliente a aprovechar al máximo el producto o servicio. Esto no solo aumenta la satisfacción del cliente, sino que también demuestra que te importa su éxito. Por ejemplo, podrías enviar un correo electrónico con un enlace a un video tutorial, un manual de usuario detallado o una lista de preguntas frecuentes. Al proporcionar esta información, estás ayudando al cliente a sentirse más cómodo y seguro con su compra.

Otro aspecto importante del seguimiento post-cierre es pedir retroalimentación. La retroalimentación del cliente es valiosa porque te proporciona información sobre lo que estás haciendo bien y las áreas en las que puedes mejorar. Pregunta al cliente sobre su experiencia con el proceso de compra, el producto o servicio, y el soporte que ha recibido. Usa esta retroalimentación para hacer ajustes y mejoras en tu negocio. Por ejemplo, podrías decir: "Apreciaríamos mucho su opinión sobre su reciente experiencia de compra. ¿Podría tomarse unos minutos para responder algunas preguntas?"

El seguimiento también es una excelente oportunidad para identificar oportunidades de ventas adicionales. Durante tus interacciones de seguimiento, presta atención a las necesidades y deseos adicionales del cliente. Puedes ofrecer productos o servicios complementarios que puedan interesarle.

Sin embargo, es importante hacerlo de manera que no parezca una venta agresiva, sino como una recomendación útil. Por ejemplo, podrías decir: "Basado en su compra reciente, pensamos que podría estar interesado en este accesorio que complementa perfectamente su producto."

Además de las ventas adicionales, el seguimiento post-cierre puede ayudar a fomentar la lealtad del cliente y a construir relaciones a largo plazo. Mantén el contacto regular con el cliente a través de boletines informativos, actualizaciones de productos y ofertas especiales. Este contacto continuo ayuda a mantener tu negocio en la mente del cliente y a fortalecer la relación. Por ejemplo, podrías enviar un correo mensual con actualizaciones sobre nuevos productos, consejos útiles y promociones exclusivas para clientes existentes.

Otra estrategia efectiva en el seguimiento post-cierre es pedir referencias. Los clientes satisfechos son una excelente fuente de nuevos clientes potenciales. Pide amablemente al cliente que recomiende tu negocio a amigos, familiares o colegas. Puedes ofrecer incentivos como descuentos o recompensas por cada nueva referencia que se convierta en una venta. Por ejemplo, podrías decir: "Si conoce a alguien que podría beneficiarse de nuestros productos, nos encantaría que los refiriera a nosotros. Como agradecimiento, le ofreceremos un descuento en su próxima compra por cada referencia exitosa."

Es importante recordar que el seguimiento post-cierre no debe ser una tarea puntual, sino un proceso continuo. Programa recordatorios para hacer seguimiento con los clientes en diferentes intervalos, como una semana, un mes y tres meses después de la compra. Esto asegura que el cliente se sienta atendido y valorado a lo largo del tiempo. Por ejemplo, podrías establecer un sistema en tu calendario o en tu software de gestión de relaciones con clientes (CRM) para recordarte hacer seguimiento regularmente.

En resumen, el seguimiento post-cierre es una parte vital del proceso de ventas que puede aumentar la satisfacción del cliente, fomentar la lealtad, identificar oportunidades de ventas adicionales y obtener referencias valiosas. Al agradecer al cliente, verificar su satisfacción, proporcionar recursos adicionales, pedir retroalimentación, identificar oportunidades de ventas adicionales, mantener el contacto regular y pedir referencias, puedes construir relaciones sólidas y duraderas con tus clientes. Recuerda que cada interacción post-cierre es una oportunidad para demostrar tu compromiso con el éxito del cliente y para fortalecer tu negocio a largo plazo.

Cierre de Ventas en Diferentes Sectores

El proceso de cierre de ventas puede variar significativamente de un sector a otro. Cada industria tiene sus propias particularidades, desafíos y técnicas específicas que pueden marcar la diferencia entre un cierre exitoso y una oportunidad perdida. En este capítulo, exploraremos cómo abordar el cierre de ventas en diferentes sectores, proporcionando estrategias y consejos que te ayudarán a adaptar tu enfoque para maximizar tus resultados.

El primer sector que vamos a considerar es el de la tecnología. Las ventas en el sector tecnológico a menudo implican productos y servicios complejos que requieren una explicación detallada. Los clientes en este sector buscan soluciones innovadoras que puedan mejorar sus operaciones, aumentar la eficiencia o resolver problemas específicos. Para cerrar ventas en tecnología, es crucial demostrar un profundo conocimiento del producto y cómo se alinea con las necesidades del cliente. Un enfoque efectivo es realizar demostraciones del producto, ofrecer pruebas gratuitas o pilotos, y proporcionar estudios de caso de éxito de otros clientes. La personalización de la presentación de ventas para abordar directamente los puntos de dolor del cliente puede ser un factor decisivo.

En el sector de bienes raíces, el cierre de ventas se centra en la creación de una conexión emocional con el cliente. Comprar una propiedad es una decisión importante que a menudo se basa en factores emocionales tanto como en consideraciones prácticas. Para cerrar una venta en bienes raíces, es fundamental destacar las características y beneficios únicos de la propiedad, como la ubicación, el diseño, las comodidades y el potencial de revalorización. Las visitas guiadas y las presentaciones visuales, como videos y recorridos virtuales, pueden ayudar a los clientes a visualizarse viviendo en la propiedad. Además, es importante estar preparado para negociar y ofrecer incentivos, como financiamiento preferencial o mejoras en la propiedad, para persuadir al cliente a tomar una decisión.

El sector de la salud y el bienestar presenta un conjunto diferente de desafíos y oportunidades. Los clientes en este sector buscan productos y servicios que puedan mejorar su salud y calidad de vida. Para cerrar ventas en salud y bienestar, es esencial establecer credibilidad y confianza. Esto se puede lograr proporcionando evidencia científica, testimonios de clientes satisfechos y certificaciones de calidad. La empatía y la comprensión de las necesidades individuales del cliente son cruciales. Por ejemplo, en la venta de suplementos nutricionales, es importante explicar los beneficios específicos y cómo el producto puede ayudar al cliente a alcanzar sus objetivos de salud. Las consultas personalizadas y las evaluaciones de salud pueden fortalecer la relación con el cliente y facilitar el cierre de la venta.

En el sector de la moda y el retail, el cierre de ventas se basa en gran medida en la experiencia del cliente. Los consumidores buscan productos que no solo satisfagan una necesidad práctica, sino que también ofrezcan valor estético y emocional. Para cerrar ventas en este sector, es importante crear una experiencia de compra agradable y atractiva. La presentación del producto, el ambiente de la tienda y el servicio al cliente juegan un papel crucial.

Ofrecer promociones especiales, programas de lealtad y opciones de personalización puede incentivar la compra. Además, el uso de las redes sociales y las recomendaciones de influencers puede influir significativamente en la decisión de compra de los clientes.

El sector de servicios profesionales, como consultorías y asesorías, requiere un enfoque basado en la construcción de relaciones y la demostración de valor a largo plazo. Los clientes en este sector buscan expertos que puedan ofrecer soluciones personalizadas y estratégicas a sus problemas. Para cerrar ventas en servicios profesionales, es importante establecer tu autoridad y credibilidad desde el principio. Ofrecer consultas iniciales gratuitas, presentar casos de éxito y proporcionar referencias de clientes satisfechos puede ayudar a ganar la confianza del cliente. La comunicación clara y regular, junto con la capacidad de demostrar resultados tangibles, es fundamental para cerrar la venta.

El sector de productos de consumo masivo, como alimentos y bebidas, se centra en la conveniencia y el valor percibido. Los clientes buscan productos que satisfagan sus necesidades diarias de manera rápida y eficiente. Para cerrar ventas en este sector, es esencial destacar la calidad, el precio competitivo y la disponibilidad del producto. Las promociones, los descuentos y las muestras gratuitas pueden incentivar la compra. Además, la colocación estratégica del producto en puntos de venta clave y la publicidad efectiva pueden aumentar la visibilidad y la demanda del producto.

En el sector de la educación y la formación, el cierre de ventas implica demostrar cómo tu producto o servicio puede mejorar el conocimiento y las habilidades del cliente. Los clientes en este sector buscan programas educativos que ofrezcan contenido relevante y de alta calidad. Para cerrar ventas en educación y formación, es importante proporcionar información detallada sobre el currículo, los beneficios del programa y los resultados esperados. Ofrecer demostraciones, clases de prueba y testimonios de estudiantes exitosos puede ayudar a persuadir a los clientes a inscribirse. Además, es fundamental destacar cualquier acreditación o certificación que el programa pueda ofrecer.

Finalmente, en el sector del entretenimiento y el ocio, el cierre de ventas se centra en la creación de experiencias memorables y emocionantes. Los clientes buscan actividades y productos que les ofrezcan diversión y relajación. Para cerrar ventas en este sector, es importante resaltar los aspectos únicos y emocionantes de la oferta. Promociones especiales, eventos exclusivos y ofertas de paquetes pueden atraer a los clientes. La publicidad creativa y el uso de testimonios de clientes satisfechos pueden aumentar el atractivo de la oferta.

En resumen, el cierre de ventas en diferentes sectores requiere un enfoque adaptado a las características y necesidades específicas de cada industria. Desde la demostración de productos en tecnología hasta la creación de experiencias emocionales en bienes raíces, pasando por la construcción de confianza en salud y bienestar, cada sector presenta sus propios desafíos y oportunidades. Al comprender estas particularidades y aplicar las estrategias adecuadas, puedes mejorar tus habilidades de cierre y aumentar tus tasas de éxito en cualquier sector en el que trabajes.

Cierre de Ventas en el Entorno Digital

En la era digital, el cierre de ventas ha evolucionado significativamente. Hoy en día, muchos negocios operan en línea y las ventas se realizan a través de plataformas digitales. Este cambio ha traído nuevas oportunidades y desafíos para los vendedores. El entorno digital ofrece una gran cantidad de herramientas y técnicas que pueden ayudarte a cerrar ventas de manera efectiva. En este capítulo, exploraremos cómo puedes adaptar tus estrategias de cierre de ventas para tener éxito en el entorno digital.

Primero, es importante entender que en el entorno digital, la confianza y la credibilidad son fundamentales. Los clientes no pueden verte en persona ni tocar los productos antes de comprarlos, por lo que deben confiar en la información que les proporcionas. Una forma de construir confianza es asegurarte de que tu sitio web o plataforma de ventas sea profesional y fácil de navegar. Un diseño limpio y organizado, con descripciones claras y detalladas de los productos, puede hacer que los clientes se sientan más cómodos al realizar una compra.

Otro aspecto clave del cierre de ventas en el entorno digital es la atención al cliente. En un mundo donde las respuestas rápidas y el servicio personalizado son altamente valorados, es crucial ofrecer soporte en tiempo real. Utiliza herramientas como el chat en vivo para responder preguntas de los clientes de inmediato. Un buen servicio al cliente puede resolver dudas y preocupaciones en el momento, lo que puede ser decisivo para cerrar una venta. Además, asegurarte de que los clientes tengan acceso a información clara sobre políticas de devolución y garantía también puede aumentar su confianza.

El contenido también juega un papel crucial en el cierre de ventas digitales. Los blogs, videos y guías de productos pueden educar a los clientes sobre los beneficios y características de tus productos. Al proporcionar contenido útil y relevante, puedes influir en la decisión de compra del cliente. Por ejemplo, un video tutorial que muestre cómo usar un producto puede ayudar a los clientes a visualizar cómo ese producto encaja en sus vidas, haciendo que estén más inclinados a comprarlo. Además, los testimonios y las reseñas de otros clientes pueden ser muy persuasivos. La gente tiende a confiar en las experiencias de otros consumidores, por lo que mostrar testimonios positivos puede ser una estrategia efectiva para cerrar ventas.

El uso de marketing por correo electrónico también es una estrategia poderosa en el entorno digital. Las campañas de correo electrónico dirigidas pueden mantener a los clientes interesados y comprometidos. Por ejemplo, después de que un cliente muestre interés en un producto, puedes enviarle un correo electrónico de seguimiento con más información, ofertas especiales o incentivos para que complete su compra. Además, los correos electrónicos pueden ser personalizados para cada cliente, lo que aumenta la relevancia y la efectividad del mensaje.

Las redes sociales son otra herramienta vital para el cierre de ventas en el entorno digital. Plataformas como Facebook, Instagram y Twitter permiten interactuar con los clientes de manera directa y personal. Publicar contenido atractivo y responder a los comentarios y preguntas de los clientes puede ayudar a construir una relación más cercana con ellos. Además, las redes sociales permiten realizar campañas publicitarias altamente segmentadas, lo que significa que puedes dirigir tus mensajes a audiencias específicas que están más inclinadas a estar interesadas en tus productos.

La automatización también puede ser una gran aliada en el entorno digital. Herramientas como los chatbots pueden proporcionar respuestas instantáneas a preguntas comunes de los clientes, ayudando a mantener el interés y facilitando el proceso de compra. Además, los sistemas de automatización de marketing pueden enviar correos electrónicos personalizados y recordatorios de carritos abandonados, lo que puede ayudar a recuperar ventas perdidas y cerrar más transacciones.

Es importante destacar la importancia de la experiencia del usuario en el entorno digital. Asegúrate de que tu proceso de compra en línea sea lo más simple y fluido posible. Esto incluye tener un sistema de pago seguro y fácil de usar, opciones claras de envío y una interfaz intuitiva. Cuantas menos barreras haya en el proceso de compra, más probable es que los clientes completen su compra.

El análisis de datos también es una herramienta valiosa en el entorno digital. Utiliza herramientas de análisis para entender el comportamiento de tus clientes en línea. Esto puede proporcionarte información sobre qué productos son los más populares, qué páginas reciben más visitas y en qué punto los clientes tienden a abandonar sus carritos de compra. Con esta información, puedes hacer ajustes estratégicos para mejorar la tasa de conversión y cerrar más ventas.

Las promociones y ofertas especiales son otra táctica efectiva en el entorno digital. Los descuentos por tiempo limitado, las ventas flash y los códigos de descuento exclusivos pueden crear un sentido de urgencia que motive a los clientes a comprar. Además, las ofertas de envío gratuito o las promociones de "compre uno y lleve otro" pueden ser incentivos atractivos para los clientes en línea.

Finalmente, la personalización es clave en el entorno digital. Los clientes valoran las experiencias personalizadas que se ajustan a sus preferencias y necesidades. Utiliza datos de los clientes para personalizar sus experiencias de compra, desde las recomendaciones de productos hasta los correos electrónicos que reciben. Cuanto más relevante sea la experiencia de compra para el cliente, más probable es que complete una compra.

En resumen, el cierre de ventas en el entorno digital requiere un enfoque multifacético que combina confianza, atención al cliente, contenido relevante, marketing por correo electrónico, redes sociales, automatización, experiencia del usuario, análisis de datos, promociones y personalización. Al aplicar estas estrategias, puedes adaptarte a las particularidades del entorno digital y maximizar tus oportunidades de cerrar ventas de manera efectiva. La clave es mantener al cliente en el centro de todas tus acciones, proporcionando una experiencia de compra positiva y satisfactoria que fomente la lealtad y las futuras compras.

Desarrollando Habilidades de Cierre

Desarrollar habilidades de cierre efectivas es esencial para cualquier vendedor que desee tener éxito en su carrera. El cierre de ventas es el momento culminante de todo el proceso de ventas, y dominar esta habilidad puede marcar la diferencia entre una venta exitosa y una oportunidad perdida. En este capítulo, exploraremos diversas estrategias y técnicas que te ayudarán a mejorar tus habilidades de cierre y a convertirte en un vendedor más eficaz y persuasivo.

Primero, es fundamental comprender que el cierre de ventas no es un evento aislado, sino el resultado de una serie de interacciones bien gestionadas con el cliente. Desde el primer contacto hasta la finalización de la venta, cada paso debe estar cuidadosamente planeado y ejecutado. Esto significa que debes ser un buen oyente, identificar las necesidades del cliente y adaptar tu enfoque para satisfacer esas necesidades. Desarrollar esta capacidad de escucha activa es crucial para entender realmente lo que el cliente busca y cómo puedes ofrecerle una solución adecuada.

Una de las técnicas más importantes para desarrollar habilidades de cierre es practicar el arte de hacer preguntas efectivas. Las preguntas abiertas, que invitan al cliente a compartir más información sobre sus necesidades y deseos, son especialmente útiles. Por ejemplo, en lugar de preguntar "¿Le gusta este producto?", podrías preguntar "¿Cómo cree que este producto podría ayudarle en su día a día?". Este tipo de preguntas no solo te proporcionan más información valiosa, sino que también muestran al cliente que estás genuinamente interesado en entender su situación y ofrecerle una solución personalizada.

La empatía es otra habilidad clave en el cierre de ventas. Ponerte en el lugar del cliente y ver las cosas desde su perspectiva te permitirá conectarte mejor con ellos y ganar su confianza. Cuando un cliente siente que lo entiendes y te preocupas por sus necesidades, es más probable que se sienta cómodo tomando la decisión de compra. La empatía también te ayuda a manejar objeciones de manera más efectiva, ya que puedes abordar las preocupaciones del cliente con comprensión y ofrecer soluciones que realmente respondan a sus inquietudes.

La preparación es fundamental para un cierre de ventas exitoso. Antes de cada interacción con un cliente, asegúrate de estar bien preparado. Esto incluye conocer a fondo tu producto o servicio, comprender las necesidades y deseos del cliente, y anticipar posibles objeciones. La preparación te da la confianza necesaria para manejar cualquier situación que pueda surgir durante el proceso de cierre. Además, te permite personalizar tu enfoque y presentar tu oferta de manera que resuene más con el cliente.

La técnica de cierre de prueba es una herramienta útil para medir el interés y la disposición del cliente antes de hacer el cierre definitivo. Por ejemplo, puedes preguntar "¿Cómo se sentiría si pudiera empezar a usar este producto hoy mismo?" o "¿Ve algún obstáculo para seguir adelante con esta compra?". Estas preguntas te permiten evaluar el estado mental del cliente y ajustar tu enfoque según sea necesario. Si el cliente muestra dudas, puedes abordar sus preocupaciones antes de intentar cerrar la venta.

La comunicación clara y concisa es esencial en el cierre de ventas. Asegúrate de que tu mensaje sea fácil de entender y evita el uso de jerga técnica que pueda confundir al cliente. Utiliza un lenguaje simple y directo para explicar los beneficios de tu producto o servicio y cómo puede satisfacer las necesidades del cliente. Además, es importante ser transparente y honesto en tus comunicaciones. Los clientes aprecian la sinceridad y están más dispuestos a confiar en ti si sienten que estás siendo genuino.

La práctica regular es crucial para desarrollar y perfeccionar tus habilidades de cierre. Al igual que cualquier otra habilidad, el cierre de ventas mejora con la práctica constante. Participa en simulaciones de ventas con colegas, busca oportunidades para vender en diferentes contextos y reflexiona sobre tus experiencias para identificar áreas de mejora. La retroalimentación de tus colegas o supervisores también puede ser muy valiosa para ayudarte a refinar tu enfoque y desarrollar nuevas estrategias.

Otra técnica efectiva es el uso de testimonios y casos de éxito. Compartir historias de otros clientes satisfechos que han utilizado tu producto o servicio puede ser muy persuasivo. Los testimonios proporcionan pruebas sociales que pueden ayudar a convencer al cliente de que está tomando la decisión correcta. Además, los casos de éxito pueden mostrar de manera concreta cómo tu producto o servicio ha ayudado a otros en situaciones similares, lo que puede aumentar la confianza del cliente en su decisión de compra.

Finalmente, la perseverancia es una cualidad indispensable para cualquier vendedor. No todas las ventas se cerrarán en el primer intento, y es importante no desanimarse ante el rechazo o las objeciones. En lugar de verlo como un fracaso, considera cada interacción como una oportunidad para aprender y mejorar. Mantén una actitud positiva y continúa buscando formas de ofrecer valor al cliente. La perseverancia, combinada con una actitud de mejora continua, te ayudará a convertirte en un cerrador de ventas más efectivo y exitoso.

En conclusión, desarrollar habilidades de cierre requiere una combinación de escucha activa, empatía, preparación, comunicación clara, práctica regular, uso de testimonios y perseverancia. Al trabajar en estas áreas y aplicarlas de manera consistente en tus interacciones de ventas, puedes aumentar tus tasas de cierre y convertirte en un vendedor más eficaz y persuasivo. Recuerda que el cierre de ventas es tanto una ciencia como un arte, y que el éxito viene con la práctica y la dedicación constantes.

Conclusión y Reflexiones Finales

Llegar al final de este libro sobre el cierre de ventas es solo el comienzo de tu viaje hacia convertirte en un maestro en el arte de cerrar negocios. A lo largo de los capítulos, hemos explorado numerosas estrategias, técnicas y habilidades que son esenciales para lograr cierres exitosos. Ahora, es momento de reflexionar sobre lo aprendido y considerar cómo puedes aplicar estos conocimientos en tu vida profesional diaria.

El cierre de ventas es más que una simple transacción; es una habilidad que requiere empatía, paciencia y una comprensión profunda de las necesidades del cliente. Cada cliente es único, y cada venta presenta sus propios desafíos y oportunidades. Por eso, es crucial abordar cada interacción con una mente abierta y un deseo genuino de ayudar al cliente a encontrar la solución que mejor se adapte a sus necesidades.

Una de las lecciones más importantes es la importancia de la preparación. Estar bien preparado para cada interacción de ventas te da la confianza necesaria para manejar cualquier situación que pueda surgir. Conocer a fondo tu producto o servicio, anticipar posibles objeciones y tener un plan claro para cada etapa del proceso de ventas te permitirá presentarte como un profesional confiable y seguro.

Otra clave para el éxito en el cierre de ventas es la capacidad de escuchar activamente. Escuchar con atención a tus clientes no solo te permite entender mejor sus necesidades y deseos, sino que también les demuestra que valoras su perspectiva. Cuando los clientes sienten que los escuchas y comprendes, es más probable que confíen en ti y estén dispuestos a seguir adelante con la compra.

La empatía juega un papel crucial en el cierre de ventas. Ponerte en el lugar del cliente y ver las cosas desde su perspectiva te permite conectar con ellos a un nivel más profundo. La empatía no solo te ayuda a ganar la confianza del cliente, sino que también te permite manejar objeciones de manera más efectiva, ya que puedes abordar sus preocupaciones con comprensión y ofrecer soluciones que realmente resuelvan sus problemas.

La comunicación clara y concisa es esencial en todas las etapas del proceso de ventas, pero especialmente en el cierre. Explicar los beneficios de tu producto o servicio de manera simple y directa ayuda al cliente a ver el valor que estás ofreciendo. Evitar la jerga técnica y ser transparente en tus comunicaciones genera confianza y facilita la toma de decisiones por parte del cliente.

La práctica constante y la perseverancia son fundamentales para desarrollar y perfeccionar tus habilidades de cierre. Participar en simulaciones de ventas, buscar oportunidades para vender en diferentes contextos y reflexionar sobre tus experiencias te permitirá identificar áreas de mejora y desarrollar nuevas estrategias. No te desanimes ante el rechazo o las objeciones; en su lugar, véalos como oportunidades para aprender y crecer.

El uso de testimonios y casos de éxito también puede ser una herramienta poderosa en el cierre de ventas. Compartir historias de clientes satisfechos que han utilizado tu producto o servicio proporciona pruebas sociales que pueden ayudar a convencer al cliente de que está tomando la decisión correcta. Estos testimonios y casos de éxito muestran de manera concreta cómo tu producto o servicio ha beneficiado a otros, lo que puede aumentar la confianza del cliente en su decisión de compra.

Finalmente, es importante recordar que el cierre de ventas es tanto una ciencia como un arte. Requiere una combinación de técnicas probadas y habilidades interpersonales que se desarrollan con el tiempo. Mantén una actitud de mejora continua y busca siempre nuevas formas de ofrecer valor a tus clientes. La dedicación y el esfuerzo constante te llevarán a convertirte en un cerrador de ventas más efectivo y exitoso.

En conclusión, dominar el arte del cierre de ventas requiere práctica, perseverancia y una verdadera dedicación a comprender y satisfacer las necesidades del cliente. Al aplicar las estrategias y técnicas discutidas en este libro, puedes mejorar tus habilidades de cierre y aumentar tus tasas de éxito. Recuerda que cada interacción con un cliente es una oportunidad para aprender y crecer. Mantén una actitud positiva, sigue perfeccionando tus habilidades y, sobre todo, nunca dejes de buscar formas de mejorar y ofrecer un mejor servicio a tus clientes. Con el tiempo y la dedicación, te convertirás en un maestro en el arte del cierre de ventas, capaz de cerrar cualquier trato con confianza y éxito.